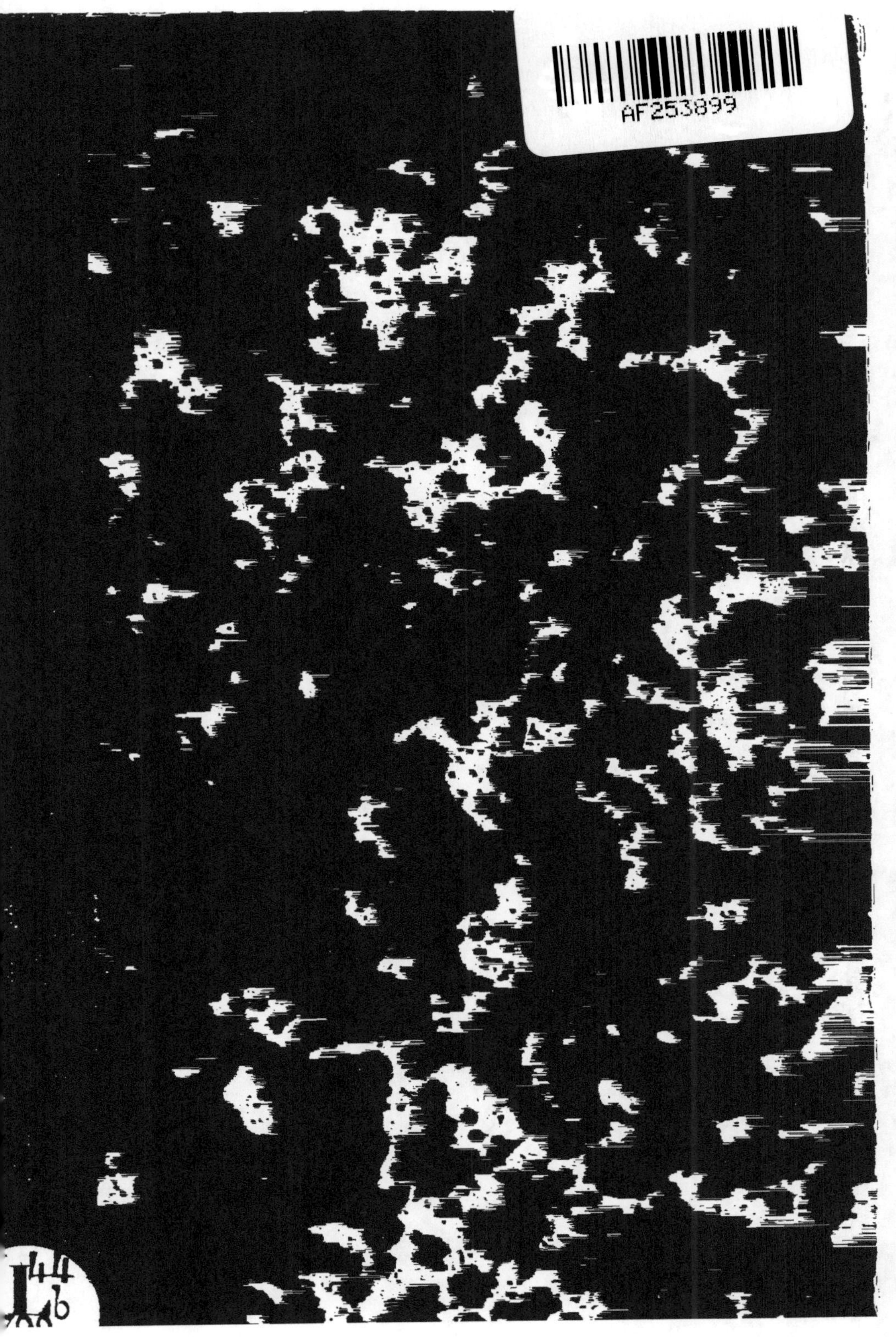

HISTOIRE D'UN CHEVAL

DE

NAPOLÉON,

ÉCRITE SOUS SA DICTÉE

PAR

UN CULTIVATEUR FRANÇAIS,

QUI L'A RECUEILLI DANS SA VIEILLESSE.

AVEC GRAVURE.

Par Léon de Chaulaire.

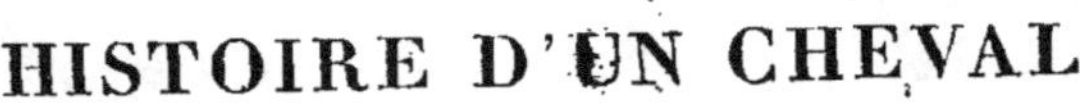

L'homme, pour être bien peint, a besoin de
l'être par un autre animal que lui-même.

L'abbé Desfontaines, préface de sa traduct. de Swift.

A PARIS,

CHEZ LES PRINCIPAUX LIBRAIRES,

ET A BOULOGNE,

CHEZ LES FRÈRES GRISET, LIBRAIRES.

1826.

TOMBEAUX
ROMAINS
TROUVÉS
EN 1824

HISTOIRE D'UN CHEVAL

DE

NAPOLÉON.

Ce volume, formant environ seize feuilles, paraîtra en trois livraisons; chaque livraison sera du prix de 2 fr.

Le volume sera orné d'une belle Lithographie représentant le cheval devant son habitation.

Tout exemplaire non signé de l'auteur est déclaré contrefait, et sera poursuivi comme tel.

IMPRIMERIE DE GOETSCHY,
rue Louis-le-Grand, N° 27

HISTOIRE D'UN CHEVAL

DE

NAPOLÉON,

ÉCRITE SOUS SA DICTÉE

PAR

UN CULTIVATEUR FRANÇAIS,

QUI L'A RECUEILLI DANS SA VIEILLESSE.

AVEC GRAVURE.

Par Léon de Chaulaire.

L'homme, pour être bien peint, a besoin de l'être par un autre animal que lui-même.
L'abbé Desfontaines, préface de sa traduct. de Swift.

A PARIS,

CHEZ LES PRINCIPAUX LIBRAIRES,

ET A BOULOGNE,

CHEZ LES FRÈRES GRISET, LIBRAIRES.

1826.

AVIS PRÉLIMINAIRE.

Quiconque s'attendrait à trouver ici un roman, serait bien trompé.

J'ai réuni les matériaux de mon histoire avec la vérité scrupuleuse *d'un Tacite.*

Le lecteur sera, sans doute, bien étonné, par fois, que j'aie su tant d'anecdotes si peu connues; mais au lieu de les révoquer en doute, qu'il songe que tout cheval et toute bête que je suis, dans mainte occasion où des ministres, voire même des empereurs et des rois,

n'avaient pas la permission de prêter l'o-
reille ; moi, j'étais le seul tiers admis
par mon illustre et malheureux maître.

J'ai donc beaucoup vu, beaucoup entendu ; je raconte : je le fais avec fidélité.
Sans crainte, parce que je n'ai d'autre
intention que de dire la vérité : sans flat-
terie envers personne, parce que je ne
veux rien obtenir.

J'ai passé l'âge de l'ambition : j'ai
trente ans, et pour un cheval, trente ans,
c'est un siècle.

Il y a tels lecteurs qui se fussent glo-
rifiés naguère de la faveur d'approcher
jusqu'à moi, et de carresser ma crinière
ondoyante, qui, après m'avoir si long-
temps perdu de vûe, révoqueront aujour-
d'hui en doute l'authenticité de mon existence.

Dans l'un des chapitres de mon histoire, je leur dirai comment, après avoir éprouvé toutes les vicissitudes qui semblent possibles à un cheval, et qui étaient le contre-coup inévitable des revers inouis que le destin s'est plu à amasser, tout-à-coup, sur la tête de feu mon malheureux maître, après avoir été long-temps séparé de lui, et être tombé dans l'état de misère le plus abject, j'ai enfin rencontré le toît hospitalier d'un cultivateur français, obscur, mais humain, qui prend de ma vieillesse un soin religieux.

Il n'a pas voulu que le cheval du grand homme qui vit l'Europe à ses pieds, et qui eut des rois pour courtisans, pérît de misère sur une place publique.

Grâce à ses soins, et certes, ce sont-là des soins bien désintéressés, j'ai malgré ma vieillesse et l'état de décrépitude dans lequel il m'a recueilli, repris en trois mois, tout l'embonpoint et toute la beauté de ma jeunesse. La beauté enfin que j'avais quand j'habitais le palais des souverains de cette France, que mon maître rendit en si peu d'années si belle et si glorieuse.

Les mauvais traitemens des hommes rendent quelquefois mysantropes leurs semblables.

On n'honore pas, chez nous, d'un aussi beau nom ce généreux dépit d'une âme noble et fière.

Pour me servir donc de celui qu'on emploie vulgairement envers notre espèce, j'étais depuis mes malheurs devenu quinteux, rétif et presque inabordable ; mais ce fut moins le résultat de mon caractère que l'excès de mon désespoir.

La bonté m'a désarmé, et si la reconnaissance semble aujourd'hui bannie du cœur des hommes , on va voir qu'elle a trouvé un asile dans celui des bêtes.

Sensible aux soins généreux de celui qui a fait plus pour moi que de prolonger mon existence, qui m'a arraché à l'ignominie, j'ai repris, près de lui, ma douceur accoutumée.

C'est au repos que j'ai trouvé dans ma vieillesse, sous un toît hospitalier, que je dois le loisir d'avoir pu dicter ces mémoires à mon bienfaiteur.

Bien des gens très-croyans et très-bien pensans d'ailleurs , repousseront comme une fiction puérile et grotesque , l'idée d'un vieux coursier, qui dicte des notes et prépare les matériaux de son histoire.

Hé Messieurs ! tout doux. Quand l'âne de Balaam a parlé dans les plaines arides de la Syrie, un cheval né sur le sol fertile de l'Arabie-Heureuse , ne peut-il donc pas, après deux mille ans de progrès des lumières, dicter quelques notes sur les bords du rivage où l'a relégué le destin presque aussi bizarre, presque aussi prodigue envers lui d'opposition de fortune, qu'il le fut envers son malheureux maître.

Oui, certes, l'âne de Balaam a parlé; le vieux coursier de Napoléon peut dicter.

Les animaux n'ont-ils pas parlé sous Lokman dans l'Inde, et dans l'Europe, sous l'ingénieux Ésope et sous ce bon Lafontaine, qu'une femme d'esprit n'appelait *sa bête*, que parce qu'il n'était rien moins que cela. *Cervantes* n'a-t-il pas conservé à l'Europe cet ingénieux dialogue entre deux chiens, dans l'hôpital de la Résurrection à Valladolid, et l'on convient de par le monde, que peu d'hommes raisonnent aujourd'hui avec autant de sagesse que ces deux intéressans animaux.

Ce que peu d'hommes n'auraient pas ösé dire , des animaux en ont montré le courage! Qui n'a entendu parler du voyage au pays des chevaux raisonnables, publié par un des plus ingénieux auteurs de la Grande-Bretagne, le docteur Swift. Après tant d'animaux qui ont tout aussi bien parlé, qui pourrait aujourd'hui faire un crime à un vieux serviteur fidèle , de dicter quelques pages de mémoires ? Les aveugles !... Ce n'est pas pour eux que j'écris.

Les ministres des potentats se racontent au sortir de la cour , les petites anecdotes des petits appartemens de leurs rois. Les laquais, dans les antichambres, se racontent ce qu'ils ont écouté à la porte de leurs maîtres; doit-on s'étonner que , par fois, ce qui est très-rare cependant, je retrace des faits dont je n'ai pas été personnellement témoin ; c'est que je tiens ces faits d'autres chevaux de l'empereur mon maître , et que par fois, dans ses écuries, nous faisions ce que font et feront toujours les ministres et les laquais : nous nous racontions.

HISTOIRE D'UN CHEVAL

DE

NAPOLÉON,

ÉCRITE SOUS SA DICTÉE PAR

UN CULTIVATEUR FRANÇAIS,

QUI L'A RECUEILLI DANS SA VIEILLESSE.

———◦———

CHAPITRE PREMIER.

MA NAISSANCE. HISTOIRE DE MES PREMIÈRES ANNÉES, AU SERVICE DU GRAND-VISIR, JUSQU'A MON DÉPART POUR LA FRANCE.

Tout le monde sait, ou plutôt quelques personnes savent qu'il existe en Asie, une contrée située sous le Tropique, que l'on nomme *Arabie* ; contrée autrefois, sans doute, fertile en grandes cités, en grands hommes, comme en grands évènemens ; puisqu'il n'y a peut-être pas sur la terre un atome qui n'ait vécu ; mais qui, ayant subi les révolutions des siècles, n'est plus guère connue aujourd'hui, que par le pillage et la dévastation des hommes qui habitent les bords brûlans de ses déserts, et par la bonté de ses chevaux.

Cette contrée se divise en deux parties, et a, comme toutes les choses de ce monde, son bon et son mauvais côté.

L'une qui n'offre que d'arides déserts et un sol, où la chaleur brûlante du soleil porte, partout, l'empreinte funeste des ravages que fait sur la terre l'excès des meilleures choses.

L'autre offre un contraste frappant avec

elle. Tout ce que la nature étale partout sur la terre, avec une magnificence si féconde, elle semble le prodiguer à cet heureux coin du monde. Il a fallu que cette prodigalité de la nature y fut bien grande, puisque les hommes qui, en général, ne sont contens de rien, ont été forcés de rendre justice à la beauté de cette région, et l'ont nommé *l'Arabie-Heureuse....*

Lecteurs, je suis né dans l'Arabie-Heureuse. Les plaines fertiles de Naraan furent le berceau de mon enfance, et s'il m'était possible encore de croire à la vérité des présages, j'aurais pu trouver dans les premiers évènemens de ma vie, l'horoscope séduisant d'une grande destinée. Hélas! les présages sont quelquefois bien trompeurs : ils ressemblent aux sermens des hommes !...

On sait que dans l'Arabie, les chevaux sont élevés et soignés avec un soin qu'on n'a nulle part ailleurs pour notre espèce, si utile à l'homme, et sans laquelle, il faut le dire, il serait bien peu de chose.

Je suis loin, toutefois, d'attribuer ces soins humains au mérite de mon espèce. Si l'homme nous soigne tant en Arabie, c'est à cause du besoin qu'il a de nous, et surtout de nous y voir doués des plus excellentes qualités. Maints chefs de tribus arabes, ne doivent aujourd'hui leur immense fortune qu'à la vigueur et à la rapidité de leurs coursiers. Voilà, je crois, l'explication la plus vraie des soins que l'homme prend de nous en Arabie, il est là comme partout ailleurs : *égoiste....*

On sait que les Arabes mettent plus de soins à conserver la généalogie de leurs coursiers que la leur propre.

Lecteurs , sans trop de présomption ,
puisque j'avais par moi-même de quoi la
rendre célèbre, je puis m'énorgeuillir de
la haute noblesse de ma race : mon ori-
gine est illustre.

J'ai , au-delà de ce que maints gentilshommes en France sont redevenus si fiers
aujourd'hui de nommer leurs *seize quar-*
tiers ; et si la fortune ne m'avait pas trans-
porté à travers les mers, loin des archives
de ma famille, il me serait sans doute
bien plus facile de prouver au monde, que
je descends de mâle en mâle de ce fameux coursier du grand Alexandre, en
l'honneur duquel ce conquérant bâtit
autrefois une ville magnifique; qu'il ne
le serait à un obscur gentilhomme cam-
pagnard, de prouver par l'addition ou la
soustraction de toutes les petits S. du
monde, le moindre rapport avec la famille

de ce grand Rosny de Sully, qui sut être à la fois le ministre et l'ami d'un grand Roi.

Mais passons rapidement sur l'antique noblesse de ma race, car il n'y a plus guère aujourd'hui en France, que les hommes qui fléchissent sous le poids de leur honteuse nullité, qui soient réduits par la manie d'être quelque chose, à l'avilissant besoin d'emprunter à leurs ayeux, tout le mérite et toutes les qualités qui leur manquent.

Assez riche de mon propre fond, assez fier de mes brillantes destinées, je dédaigne toute la gloire que mes ayeux se sont acquis dans l'antiquité la plus reculée, et prends pour devise ce vers d'un grand poète d'Occident.

« Il fut tout par lui-même, et rien par ses ayeux. »

Si maints gentilshommes, très-respec-

tables d'ailleurs, avaient pensé aussi phi-
losophiquement que moi à cet égard, ils
auraient évité, dis-je, de passer par les
verges du ridicule, chez la nation du
monde la plus avide peut-être de ce genre
de vindicte publique.

Descendant illustre du Bucéphale du
conquérant de l'Asie, comme du coursier
le plus obscur du dernier Bédouin du Dé-
sert, je n'en suis pas moins un cheval
célèbre.

Je fus élevé, avec soin, dans les riches
haras de l'un de ces chefs de tribus de
l'Arabie, qui, petits despotes, ne recon-
naissent la suzeraineté du Grand-Seigneur
que sous leur bon plaisir, et en lui en-
voyant, de temps à autre, quelques chevaux neufs, et quelques femmes qu'ils
font passer pour telles.

Admis, par suite de l'un de ces envois,

dès mes premières années, dans les harras du premier Visir du puissant monarque
des Vrais-Croyans, qui porte un croissant
sur la tête, sans doute pour faire con-
naître à tous les souverains du monde,
qu'il est possesseur d'un grand nombre de
femmes ; je ne tardai pas à être distingué
des chefs du harras, et mis au rang des
chevaux, que l'on y garde avec un soin
tout particulier.

Je reçus, dès lors, une éducation brillante. Les meilleurs écuyers de Constantinople, le Francony même de l'empire
d'Orient, me dressait assiduement à tous
les airs de manége (à la turque s'entend.)

Il n'était alors question, dans tout l'O-
rient, que de la haute sagesse, du génie
et des victoires du magnanime Consul de
la nation française. Le Grand-Visir du
Sultan recherchait alors plus particuliè-

rement son alliance, que celle d'aucun des autres princes chrétiens.

C'était ce même Consul qui, peu d'années auparavant, comme simple général des Français, avait paru, couvert des lauriers de l'Italie, dans les plaines brûlantes de l'Égypte, qu'il avait remplies du bruit de sa brillante renommée ; et dont la valeur et l'activité sans égales, avaient taillé tant de croupières à mon père, dans la cavalerie arabe, où il portait, dit-on, alors le fameux Mourad-Bey, qui depuis est devenu le plus fidèle allié des Français.

Le fils du soleil, le Sultan de l'empire d'Orient, avait, un jour, à sa cour une brillante ambassade de Français, récemment arrivée d'Europe; et il paraissait alors que la France était une grande république, dont le jeune triomphateur de l'Italie et de l'Égypte était devenu le chef suprême.

Il n'était bruit au sérail que des grandes choses qu'opérait son génie, et surtout de l'amour que lui prodiguait la nation française : Alors elle aimait la patrie et la gloire.

Un jour au sortir de la mosquée, le Grand-Seigneur fit avec son Visir, une brillante cavalcade autour du sérail.

Ici, il est bon de dire pour l'intelligence de mon histoire, ce que c'est qu'un Grand-Visir, puisque je ne suis encore que le cheval d'un Grand-Visir.

Le Grand-Visir est le premier ministre de l'empereur d'Orient. Il est l'empereur de fait, et gouverne réellement l'empire, tandis que le très-haut et très-magnanime Sultan, presqu'aussi invisible pour ses sujets que Mahomet même, renfermé cons-

tamment dans son sérail, savoure indo-
lemment, au milieu de ses femmes, les
douceurs des houris du prophète. C'est
à-peu-près le seul passe-temps du Sultan,
si l'on excepte la petite diversion qu'il
donne de temps en temps à ses plaisirs,
en faisant décapiter quelque Visir.

Le Visir, lui, pendant ce temps, re-
tourne et bouleverse à son gré tout l'empire. Il lève chaque jour des impôts
nouveaux, au nom et à l'insu du Sultan,
et surtout n'en supprime jamais.

Il épure, il destitue, car ces mots sont
connus à Constantinople, presqu'aussi
bien qu'en France. Il destitue, dis-je,
chaque jour, grand nombre d'Aga et de
Cady, qui pour la plupart, ont cent fois
mieux servi l'État que lui. C'est toujours
pour le plus grand bien des Vrais-Croyans
qu'il agit ; et quand il promet aux Maho-

métans l'aurore du bonheur, le retour de l'âge d'or ; souvent c'est la peste qui arrive....

Revenons à mon histoire. Je disais donc qu'il avait pris au Sultan, l'innocente velléité d'une promenade à cheval autour de son sérail, et que le Grand-Visir, mon maître , l'accompagnait. J'eus l'honneur insigne de porter ce jour-là le Grand-Visir, et bien m'en vallut , comme on va le voir.

Tandis que tous les chefs de l'Empire se tenaient respectueusement éloignés, et à leur grand chagrin, sans doute, n'entendaient pas un mot de la conversation du Sultan et de son Visir ; moi, cheval, je fus plus heureux et je n'en perdis pas un mot.

J'ai dit plus haut que le Grand-Seigneur avait alors, pour captiver l'amitié du glorieux et puissant Consul des Français, quelques raisons politiques. Or, en Turquie comme dans bien des états très-chrétiens, ce qu'on appelle politique est la loi suprême. Justice, équité, sagesse, droit naturel, tout s'éteint et disparaît devant ce grand mot magique, sans que souvent les peuples en soient mieux gouvernés. On dit que dans le siècle heureux de l'âge d'or, la justice y suppléait seule alors; les peuples n'y perdaient pas, dit-on, en bonheur, et souvent les souverains y gagnaient en gloire....

Les grands projets de la Russie sur l'Empire d'Orient, ont été fréquemment ajournés par des circonstances fortuites, jetées à la traverse par les souverains environnans, qui craignaient l'exiguité de leur part dans les rognures, mais il n'en est pas moins vrai qu'ils inspirent au Divan, une alarme réelle et constante qu'on y tient secrète.

C'était du moins cette crainte qui agitait en ce moment la pensée du Sultan. Il trouvait bien plus commode et surtout bien plus facile, d'éluder ces projets d'envahissement, par l'influence de la France, que par une noble et courageuse résistance, qu'il ne se sentait ni l'énergie ni la force d'opposer.

« Digne et puissant fils du soleil, dit le
» Visir, après s'être trois fois incliné
» jusque sur mes oreilles, tu as raison.
» Ta politique est admirable et la sagesse
» du prophète a parlé par ta voix.

» Envoye au valeureux chef des Fran-
» çais, une ambassade qui lui donne la
» plus haute idée de la puissance du ma-
» gnanime Sultan des enfans de Maho-
» met. Que les plus riches cadeaux l'ac-

» compagnent. Ce héros est jeune, il est
» né sur le sol brûlant d'Italie, et s'il a
» le génie de Scipion, il n'en a pas sans
» doute la sotte continence ; et peut-
» être , il n'imitera pas ce fou d'Ale-
» xandre, qui reçut et renvoya avec res-
» pect les filles de Darius, tombées en
» son pouvoir par les lois de la guerre.
» Il commande aux Français, et les Fran-
» çais sont les plus galans de tous les peu-
» ples ; joins au plus belles étoffes d'or de
» la Perse et de l'Inde, cinquante de tes
» plus belles esclaves, qu'il me sera fa-
» cile de te remplacer. (1)

---

(1) Pour cela , le Visir eut probablement fait une ré-
forme dans les siennes, car il n'arrive que trop souvent
que les Visirs comme les Ministres sont beaucoup mieux
fournis que leur maître. C'est à-peu-près comme les laquais des grands-seigneurs et les servantes des curés de
villages , qui boivent toujours le meilleur vin de la maison.

» Tu ne le connais pas, repartit tout-à-
» coup le Sultan, en éclatant de rire, le
» chef de la nation française est chré-
» tien : Ces chiens de chrétiens n'ont
» qu'une femme ; et s'ils osaient encore,
» avoueraient-ils souvent qu'ils en ont
» la moitié de trop.

» Visir, ton conseil me suggère une
» idée. Puisque Mahomet reçoit bien l'en-
» cens de nos autels et permet qu'il s'é-
» lève jusqu'à lui, le grand Napoléon qui
» est un homme ne sera pas, sans doute,
» insensible à mes offrandes, le point dé-
» licat est de les bien choisir. Ce chef
» des Français est un grand guerrier, et
» c'est dans mes états que sont les meil-
» leurs chevaux du monde. Mets à l'ins-
» tant pied à terre, Visir, et prosternes-
» toi devant ton cheval ; il est mainte-
» nant celui de mon illustre et magna-

» nime ami, premier Consul de la
» glorieuse nation des Français. Cours
» ensuite en choisir dix-neuf pareils dans
» tes écuries qui sont, je le sais, mieux
» fournies que les miennes, et les fais
» amener, de suite en ma présence. »

Au premier mot du Sultan, le Grand-Visir qui, quelques instans auparavant me martyrisait avec ses éperons, tombe à mes pieds la face contre terre, et crie à tue-tête : Alla pour le magnanime premier Consul, protégé du ciel et illustre ami de mon souverain maître !

Tel est le respect du Visir pour les moindres caprices de son maître, que si celui-ci eut fait un geste de plus, le Visir se serait empressé d'ôter le pesant harnois dont j'étais caparaçonné, et en eut chargé ses épaules pour soulager les miennes.

Les hommes !... les hommes !... mais ne sont-ils donc pas partout les mêmes?

« Puissant Mahomet, se disait-il entre
» ses dents, je te rends grâces de ce que
» le Sultan veut bien se contenter de
» prendre dans mes écuries, vingt che-
» vaux qu'il a vingt fois payés ; car s'il
» avait adopté mon projet d'envoyer cin-
» quante femmes à ce chien de chrétien,
» il eut aussi pu prendre fantaisie au tout
» puissant fils du soleil de les choisir dans
» mon sérail.

» O ma chère Fatmé, je te perdais
» pour toujours, Alla ! alla ! alla ! pour le
» premier Consul qui au lieu d'avoir mes
» femmes n'aura que mes chevaux. Alla !
» pour Mahomet, alla ! pour le Sultan,
» alla ! pour le très-illustre cheval du
» grand Napoléon, alla ! »

Me voilà, lecteurs, cheval du premier

Consul de la nation française : placé avec mes dix-neuf compagnons de gloire, dans une écurie particulière, ornée de tentures de velours de soie, surchargées d'or, et mieux soigné encore que je ne l'avais été.

Tout cela, pour avoir eu le hasard heureux de porter le Grand-Visir le jour où il eut un entretien avec le Sultan. Si son piqueur lui eut présenté ce jour-là un autre cheval, je restais en Turquie. O fortune! que de hasard dans tes dons, et de quels fruits amers ne sont-ils pas suivis!...

CHAPITRE II.

DÉPART DE CONSTANTINOPLE. ARRIVÉE A MARSEILLE.

Si j'avais, comme bien des hommes de génie, le goût romantique, quelle belle occasion d'émouvoir mes lecteurs, qu'une traversée dans la Méditerranée.

Au moyen de la beauté du plus beau ciel du monde, tout-à-coup obscurcie par les orages, de la foudre étincelante, sillonnant la nue et la déchirant avec un fracas horrible, au milieu du bouleversement général de l'empire de Neptune, de quelque belle et bonne tempête enfin, suivie du calme qui renaît avec l'aurore aux doigts de rose, j'aurais pu faire un chapitre tout-à-fait soporifique, j'aurais pu ajouter à tout ce fracas quelques attaques de corsaires, qui, sans respect pour le pavillon du Croissant, auraient abordé notre felouque; j'aurais pu ajouter, pour varier un peu ces sortes de scènes, que l'équipage, pour se mieux défendre, avait fait venir les chevaux sur le pont, les avait promptement monté et avait repoussé les assaillans par une vigoureuse charge de cavalerie en pleine mer, dans laquelle bien entendu, je me serais réservé le rôle brillant du héros de la pièce.

L'épisode, du moins, de cette charge de cavalerie en pleine mer, aurait eu le mérite de la nouveauté; j'aurais pu m'é-norgueillir d'avoir fait faire un grand pas de plus à la science profonde du romantique. Je me serais élevé par-là bien au-dessus des Chateaubriant et des d'Arlincourt ; j'aurais enfin reculé les bornes de la science , et prouvé que ceux qui se sont le plus évertués dans ce genre, n'ont pas encore atteint les colonnes d'Hercule , ou si l'on veut , pour parler latin , le *nec plus ultrà* de la science.

Mais je repousse , avec dédain , tout cet attirail postiche et usé, qui, selon moi , n'est plus guère bon aujourd'hui , par l'abus qu'on en a fait, qu'à bercer les petits enfans.

Rien de tout cela n'est arrivé dans ma traversée. Je dois être vrai, j'ai promis la vérité, rien que la vérité, toute la vérité ; tandis que tant de gens reculent aujourd'hui devant elle , j'irai la chercher au fond du puits ou on l'a reléguée pour la présenter à mes lecteurs, dans toute son exactitude. Ma traversée fut courte et heureuse.

A quoi bon, d'ailleurs, aller recourir à la broderie des romans vulgaires ? n'ai-je pas, après tout, à raconter maints événemens vrais, cent fois plus merveilleux que tout le merveilleux des romans. Et ces événemens, grand Dieu ! l'Europe qui les admira long-temps, l'Europe qui les admire encore, n'est-elle pas là toute entière pour répondre, au besoin, de la vérité de mes récits.

L'Europe !... que d'ingrats j'y ai rencontré ! ! ...

Parti des écuries du Grand-Seigneur, au bruit des cloches de toutes les mosquées et de toute l'artillerie du sérail, je débarquai à Marseille.

Le chapitre suivant, qui traite de mon voyage de Marseille à Paris, et de cette capitale au détroit qui sépare la France des îles Britanniques, où campait alors mon maître, sur les débris des camps de César, sera nécessairement plus long. Dès ce moment, seulement, je comménce à me regarder comme hors de ligne avec les chevaux de tous les Grands-Visirs passés et à venir. Là, commence à se developper, pour moi, l'aurore d'un grand et brillant avenir, et cette aurore !... c'était l'aurore qui brillait alors sur la France ! ...

CHAPITRE III.

VOYAGE DE MARSEILLE A PARIS, ET DE PARIS A L'ARMÉE DES CÔTES DE FRANCE, AU CAMP DE BOULOGNE.

A peine le bruit de notre débarquement se fut-il répandu dans Marseille, à peine sut-on dans cette vaste cité, que nous étions destinés au service personnel du premier Consul, que la population entière se porta sur notre passage. Ce sont des chevaux arabes pour Napoléon, se disait-on de toutes parts avec un enthousiasme que je ne saurais peindre. Les cris de vive Napoléon! vive le libérateur de la France! se confondaient partout dans les airs. Jamais je n'éprouvai d'impression aussi vive. A peine pouvions-nous cheminer lentement, au milieu d'une population nombreuse, ivre de tous les genres de renommée que ce grand homme avait si rapidement accumulé sur cette France, alors si fière de lui devoir, à la fois, son bonheur et sa gloire.

A voir l'ensemble de ces concerts unanimes, ont eut dit que la dynastie de Napoléon, aussi antique et aussi glorieuse que celle des Pharaons, qu'une nuit de quarante siècles n'a pu dérober entièrement à nos âges, se perdait comme elle, dans l'abyme du temps.

Pas une voix sur notre passage ne s'élevait, pour censurer ou démentir ces concerts de louanges et de bénédictions, qui retentissaient partout dans les airs. Ils étaient dans toutes les bouches, ils partaient de tous les cœurs ; et ces cœurs, ils étaient heureux !...

Aucun être ne nous parut gémir en secret, d'un ordre de choses qui semblait à jamais consacré par le temps. Les vieillards s'empressaient dans la foule, les mères élevaient avec enthousiasme leurs enfans dans leurs bras, et jusqu'à ces anciennes victimes infortunées de l'anarchie que Napoléon venait d'étouffer, semblaient applaudir avec ivresse à celui à qui ils devaient le bonheur inespéré, de revoir une patrie qui paraissait à jamais fermée pour eux ; ils l'avaient quitté malheureuse et déchirée ; et c'était florissante et glorieuse, à la voix de ce héros, que l'histoire ne saurait comparer à personne, qu'elle venait de leur tendre les bras d'une bonne mère. Il m'a rendu mon père, disait l'un ; c'est à lui que je dois le retour de mon fils, disait un vieillard chancelant, c'est à lui que je dois d'être rentré de mon exil, dans le champ que je cultive aujourd'hui, disait un grand nombre ; il a placé près de lui mes fils, disaient d'autres, il leur a rouvert la carrière brillante des honneurs qui était à jamais fermée pour eux ; tous enfin, ivres de joie, et de bonheur bénissaient son pouvoir, dont chaque acte parraissait un bienfait pour eux.

Hélas ! Pourquoi faut-il que parmi ces hommes que la reconnaissance précipitait à ses pieds, il s'en soit trouvé qui courbant sous le poids de ses faveurs, et gorgés des dons de l'imprudente et prodigue munificence de sa grande âme, aient été si prompts à l'abandonner et à le trahir? Qui non contens d'avoir été tirés par lui d'une position déplorable sans doute, mais dont la génération actuelle n'a point à répondre, ont affligé ses derniers ins- tans, du spectacle déchirant de leur in- gratitude et de leur perfidie. Pourquoi faut-il enfin, que des hommes dont le front était encore couvert de la honte du parjure, et qui d'ailleurs ont fait si peu de chose, dans le grand changement qui vient de s'opérer, se soient tout-à-coup, nouveaux insectes du coche, attribués la chute du grand empire, et ayent vu sortir de leurs cœurs à peine cicatrisés par les bienfaits de mon maître, cette faction qui, dans l'aveuglement de son délire, aspire insolemment à dominer aujour- d'hui les Ministres et les Rois ; qui ces- sant à peine d'étourdir de ses vivat importuns, le pouvoir dont hier encore, elle ne rougissait pas d'être le soutien subalterne ; burlesquement afflubé de sa dépouille, vise aujourd'hui à un dèspotisme cent fois plus arbitraire que celui qu'elle reproche à mon malheureux maître, et qui sous quelque point de vue qu'on envisage les choses, différa toujours de sa puissance par le prestige brillant du génie et de la gloire.

Qui eut cru, dis-je, que des êtres qui ne pouvaient plus porter le poids de la reconnaissance, devenu trop pesant pour la bassesse de leurs âmes ; fortifiant leur faiblesse par une monstrueuse alliance avec ces hommes, tour-à-tour proscrits pour leurs attentats, par tous les gouvernemens de l'Europe ; avec ces hommes d'où sortit l'assassin du plus grand des Bourbons, seraient tout-à-coup revenus demander à cette France, épuisée par tant de désastres, cinq cent fois plus d'or (1) que des barbares, maîtres un moment de Rome étonnée, n'osèrent demander aux maîtres du monde, pour la rançon de la ville éternelle.

A Rome, alors, un grand homme, et ce grand homme était aussi banni par sa patrie, relevant tout-à-coup un bras paralisé par la douleur et l'exil, sourit avec dédain à la farouche avidité d'un barbare, et jetant fièrement son glaive dans la balance, conserva à cette patrie qui venait de le bannir, et l'honneur et la gloire.

----

(1). La livre d'or fin vaut 1680 fr. Les cent mille livres d'or demandés par Brennus, pour la rançon de Rome, ne valaient qu'un million six cent-quatre-vingt-huit mille francs. Combien de millions demande aujourd'hui l'émigration, dans laquelle figurent tant d'hommes devenus bien plus riches sous mon maître qu'ils n'étaient avant l'émigration ?

Ce grand homme était Camille. Camille est dans la tombe : que de siècles déjà nous séparent de lui !…

O Romains! qui avez banni Camille, je le demande aujourd'hui à vos fils, en êtes-vous plus grands ! … et surtout plus heureux ? ….

Mais la douleur égare mon imagination, qu'ont de commun aujourd'hui deux nations, que tant de siècles et des institutions si différentes, séparent rapidement de plus en plus tous les jours. Revenons au grand homme à qui je dois une destinée qui fut long-temps si brillante ; tout ce que je dis de lui dans ces mémoires, n'est point une digression, puisque sa fortune a fait la mienne, et que sa chute a commencé mes malheurs.

Les détracteurs de ce grand homme, l'accusent aujourd'hui d'avoir méprisé l'es-

pèce humaine!... Hélas! il ne croyait que
trop à la vertu, puisqu'il ne se défia pas
assez de l'ingratitude des hommes !...

Quand un peuple entier paraissait si
fier d'avoir à sa tête, le plus grand guerrier du monde, un coursier né chez les
Arabes, dans le pays, où les chevaux sont
les plus aguerris, pouvait bien s'énorgeuillir d'avoir appartenu à ce grand homme.
C'est ce qui m'arriva ; l'heureuse et brillante ivresse de ce peuple qui m'entou-
rait, passa tout-à-coup dans mes sens ;
j'étais fier de ma destinée.

Partout, sur mon passage, je trouvais
dans cette France, devenue si belle sous le
génie de mon nouveau maître, une activité inouie, et qui formait à mes yeux un
constraste frappant avec l'indolence pa-
resseuse des peuples de l'Orient, parmi
lesquels j'étais né.

Il semblait que le génie de Napoléon, ait inspiré à toute la France une vie nouvelle. Ici, c'étaient de nombreux vaisseaux qui s'élevaient majestueusement dans les ports; là, des rues, des places, des cités nouvelles remplaçaient tout-à-coup des terrains incultes ou inutiles ; ailleurs, des marais pestilentiels se desséchaient, des ports, des canaux se creusaient rapidement à sa voix; les beaux arts, comme animés du feu de son génie brûlant, renaissaient des cendres, où une révolution récente paraissait n'avoir tout anéanti en France, que pour lui préparer l'occasion de tout réparer comme de tout surpasser.

Partout, les champs étaient bien et gaîment cultivés ; les routes, partout réparées s'étendaient à sa voix jusqu'à travers les cimes des montagnes glacées,

que la nature, avant lui, semblait avoir à
jamais interdit à l'homme.

Les oliviers si beaux, si abondans dans
le midi de la France, croissaient en foule
autour des routes que nous parcourions,
comme pour servir d'emblême du bonheur, à l'aurore d'un règne sans exemple
dans les fastes du monde, et sitôt et si
tragiquement terminé.

Déjà Marseille et cette belle mer d'azur
qui baigne ses murailles, avaient disparu
à nos yeux, à travers les beaux champs
d'oliviers qui décorent son approche, et
nous parcourions les campagnes riantes
qui bordent les rives fleuries du Rhône
et de la Saône.

Dans les cités, rien de plus facile aux
petits Séjan des rois fainéans, de tromper
la vue étroite de leurs souverains, par l'ap-
parence d'un enthousiasme factice. Des cris

de joie qui s'y payent à tant par heure, et au milieu desquels vient mourir en silence, le soupir étouffé de tous les malheureux qu'ils ont fait, peuvent par fois chatouiller délicieusement un instant l'oreille des puissans de la terre, et les endormir aubord du précipice.

Il n'en est pas de même, au milieu des champs, où l'homme isolé, livré à la seule impulsion de son cœur s'y abandonne sans crainte, et épanche en liberté ses sentimens à la face du ciel, seul témoin de leur sincérité. C'était donc loin de Marseille, et au milieu des champs, que je pus bien juger de cet enthousiasme universel, d'une nation brillante pour le grand homme que la providence venait de laisser paraître, comme à la dérobée, dans un monde qu'elle semblait depuis long-temps, avoir condamné à n'en plus produire.

Là, sur notre passage, l'homme isolé comme l'homme rassemblé dans les villes, chantait avec ivresse la gloire du grand homme à qui j'étais destiné ; et les ministres d'un Dieu, diversement adoré sur la terre, mais partout aussi puissant et aussi juste, priaient avec ferveur aux pieds de ses autels, pour la conservation des jours du libérateur de la France, pour celui, qui à peine sorti des débris fumans d'un royaume bouleversé par l'anarchie, mit ses premiers soins, à relever les autels brisés de l'antique religion de nos pères. Encens, prières, bénédictions, tout était alors pour le maître nouveau qui m'était donné, dans la bouche de ces prêtres d'un Dieu juste qui hait et punit tôt ou tard, l'hypocrisie... et le parjure......

Quelles étaient belles à mes yeux, ces couleurs françaises, sous un ciel presque celui des anciens maîtres du monde, qui se déployaient à la fois au sommet des églises, comme sur le chaume de la dernière cabane; et dont le brillant assemblage, offrait partout l'image de cet arc-en-ciel, que nous autres Orientaux ne regardons jamais que comme l'aurore assurée d'un beau jour.

Grâce à cet amour universel que mon nouveau maître inspirait à la France, mon voyage avait presque l'air d'un triomphe. Je ne connaissais alors de cet heureux peuple, tout nouveau pour moi, que son aimable enthousiasme et sa passion pour la gloire. Plus tard, hélas! je connus toute l'inconstance et la mobilité de son caractère; et le ciel qui fit si long-temps voler la mort autour de moi, ne m'a point accordé de mourir, avant d'en avoir été le triste témoin.

Mais tirons le rideau sur un tableau qui me déchire. Les hommes ?... Les hommes ?... Quand les cent peuples, qui se sont unis pour briser le trône glorieux, que la France entière avait élevé à mon maître, osent seuls aujourd'hui l'apprécier, et parler encore avec enthousiasme de sa gloire; moi, chétif coursier, abattu par vingt ans de fatigue, je m'étonne de voir ma voix, mêlée à la leur! ! Quoi, même après sa mort, la bouche de tous les heureux qu'il a fait, reste muette sur sa tombe, et c'est la voix des ennemis, qui l'ont écrâsé sous leur nombre, qui chante aujourd'hui sa gloire et son apothéose! O fortune!....

Auteur des triomphes d'une nation, devenue grande par son génie, et soutien d'une gloire qui tient du prodige, pourquoi faut-il hélas! qu'il ait été le premier holocauste expiatoire de cette gloire, que le ciel semble désormais refuser à nos siècles,

Mais n'est-il pas dans la destinée de tous les grands hommes, qui ont fait la gloire des nations, d'expier, dans la disgrâce et l'exil, le bien qu'ils ont fait à la terre ?

N'est-ce pas sous le fer ensanglanté d'un Romain, et d'un Romain qu'il nomma son fils !... que tomba César ? Et quand les plus grands de tant de grands hommes, les Aristides, les Camille, les Annibal et tant d'autres, ont été bannis par des peuples ingrats ; ô Napoléon ! ne devais-tu pas t'attendre à ton sort ; et ce puissant génie, que t'avait donné une nature, qui en est si avare, ne te suffisait-il donc pas pour te faire apercevoir, que depuis long-temps tu avais fait bien plus qu'il ne faillait, pour mériter et recevoir ici bas, la récompense commune aux grands hommes!...

Le destin voulut te montrer, à la terre, sous l'aspect du plus grand des mortels. Après avoir épuisé les faveurs de la fortune à un degré inoui jusqu'alors, il ne te restait plus à éprouver que les coups de l'adversité. Le destin les a accumulé sur ta tête, avec la même rapidité que la fortune; tu leur a opposé ta grande âme, et elle est restée impassible. Le destin est satisfait : tu t'es montré le plus grand homme du monde.

Repose en paix Napoléon! Si la rage de tes ennemis ne s'est point désarmée devant ton tombeau, elle ne pourra du moins s'élever à la hauteur de ta gloire; et cette gloire, elle sera immortelle.

Bientôt nous arrivâmes à Paris. Le Visir à qui j'avais appartenu, avait été, dans sa jeunesse, l'ambassadeur de la Porte Ottomane à la cour de France, je ne sais plus sous lequel de ses rois; et lorsqu'il parlait, en ma présence, au Sultan, de la capitale des Français, il ne la peignait jamais que sous les couleurs les plus défavorables.

Je m'attendais, d'après la description du Visir, à ne trouver, dans Paris, qu'un amas confus de maisons gothiques, d'où s'élevaient, à de grandes distances, quelques beaux édifices, sur lesquels la main du temps s'était lourdement appesantie; mais quelle fut ma surprise, en traversant cette capitale, de voir partout s'élever des ponts, des quais, des fontaines, des aqueducs, enfin des monumens de toute espèce. On eût dit alors que le Visir qui, en faisait naguère au Sultan une peinture si trompeuse, ou n'avait vu de Paris que le fond de l'île St-Louis, ou qu'il avait impudemment trompé son maître, ce qui, du reste, n'est pas du tout extraordinaire chez les Visirs; mais je sus bientôt que le Visir n'avait guère menti à son maître, ce qui est bien plus rare; car j'entendais dire partout, avec enthousiasme, c'est Napoléon qui a fait ceci, c'est Napoléon qui a commencé cela. D'où je conclus que ce Napoléon, qui avait, en si peu d'années, changé la face de l'Europe, avait bien pu, dans ses loisirs, se donner la récréation de transformer la gothique capitale de la France, dont avait parlé le Visir, en la plus belle ville du monde, en un mot de refondre Paris; et j'ai su depuis, que je ne m'étais guère trompé dans mes conjectures.

Nous ne fîmes que traverser cette belle cité, où depuis, j'ai eu occasion de revenir tant de fois, et de voir un Pape bénir Napoléon, en l'appelant son fils !.. et des potentats, qui depuis l'ont précipité du trône, l'appeller mon frère, et lui jurer une éternelle amitié, à la face même de ce ciel, d'où part la foudre qui punit les parjures.

On laissa reposer à Paris, ceux des chevaux qu'une aussi longue route avait trop fatigué. Pour moi, j'étais tout de feu. Ce que je voyais, ce que j'entendais partout autour de moi, semblait doubler à la fois ma force et mon courage.

Pour parvenir jusqu'à Napoléon, j'aurais traversé l'Europe entière.

Je ne tardai pas à arriver à son camp de Boulogne, et à y devenir un des chevaux qu'il affectionnait le plus.

Il me nomma Visir.

Trop d'illustres ingrats, qui ne payent

aujourd'hui les bienfaits de mon malheureux maître , qu'en prêtant les couleurs
odieuses de leur froid égoïsme et d'une
ambition personnelle, à tout ce qu'il a
fait de grand et d'utile pour la France ;
l'accusent , et ne l'accusent qu'aujour-
d'hui, de n'avoir choisi pour asseoir son
camp et préparer son invasion, les lieux
mêmes d'où partit César, qu'afin de lier
à de grands souvenirs, et appuyer de leur
prestige, les souvenirs de sa propre gloire.

Je crois devoir à sa mémoire, comme
à cette belle contrée, qui avait des droits
si réels à cette préférence, et dans laquelle
je suis revenu finir ma carrière, de re-
pousser, avant tout, une inculpation aussi basse.

Pour relever, dans les champs de Mon-
tenotte , d'Arcole et de Lody , la gloire
des armées françaises, un moment obs-

curcie et réduite à une défensive humiliante, par les dilapidations et les inepsies du Directoire, mon maître alla-t-il rechercher quels grands hommes avaient, avant lui, illustré ces champs de bataille?

Pour sauver la France à Marengo : pour l'illustrer, à jamais, dans les champs glorieux d'Alaric, d'Aboukir et de Champaubert, fit-il donc, avant ces batailles, un froid calcul des grands hommes, qui rendirent, avant lui, célèbres, des lieux qui ne le furent jamais que par sa propre gloire?

Ah! si mon maître fixa sur les côtes de Boulogne son expédition, ce fut bien moins par un calcul, qui lui était bien inutile, que par un examen approfondi des localités.

On sait qu'il possédait, au plus haut degré, ce coup-d'œil pénétrant, qui n'a

besoin que de la rapidité d'un instant,
pour saisir, à la fois, tous les avantages
et tous les inconvéniens d'un site, comme
d'un champ de bataille.

Ce ne fut point en prince que mon
maître voulut résoudre une question aussi
importante. Il savait assez ce que vaut un
coup-d'œil de prince, et que les princes,
dans leurs conseils, ne voyent presque
jamais les choses comme elles sont, parce
qu'ils y sont trop souvent entourés de trop
de personnes, qui ont intérêt à les tromper.

Il voulut se dérober à l'éclat de sa position comme à celui de sa gloire; et ce
fut dans le plus strict incognito qu'il arriva, sans y être attendu, sur les côtes
du Boulonnais, sous le nom et le costume
d'un aide-de-camp d'un général en mission.

Seul sur ces immenses plateaux, qui

couronnent les hauteurs dont la ville de Boulogne est environnée, il put contempler, à la vue simple et à la distance de quelques lieues seulement, les côtes de cette Angleterre, qui proclamait hautement alors son empire sur les mers, en vertu de ce droit, que la politique de tous temps, si souvent opposée à la justice, appelle le droit le plus légitime ; ce droit, c'était alors pour l'Angleterre *le droit du plus fort.*

Ce fut de ces hauteurs, que seul, dans le silence de la méditation, il promena long-temps ses vastes pensées, et qu'il mûrit les combinaisons les plus profondes. Il vit que, depuis des siècles, une nation de trente millions d'hommes, et une autre nation de dix millions d'hommes, rougissaient, de temps à autre, les flots de l'Océan de leur sang le plus précieux, sans qu'il en résultât jamais un avantage décisif en faveur d'aucune d'elles. Il ne vit, dans tant de traités de paix entr'elles, que des trèves qui, presque toujours, contenaient tous les élémens d'une guerre nouvelle et prochaine. Il vit enfin, comme il fallait le voir, Rome et Carthage entre l'Angleterre et la France ; et il sentit, tout-à-coup, que la guerre sous un homme tel que lui, devait, pour arriver à un résultat définitif, prendre un tout autre caractère.

Je développerai cette idée dans le chapitre suivant.

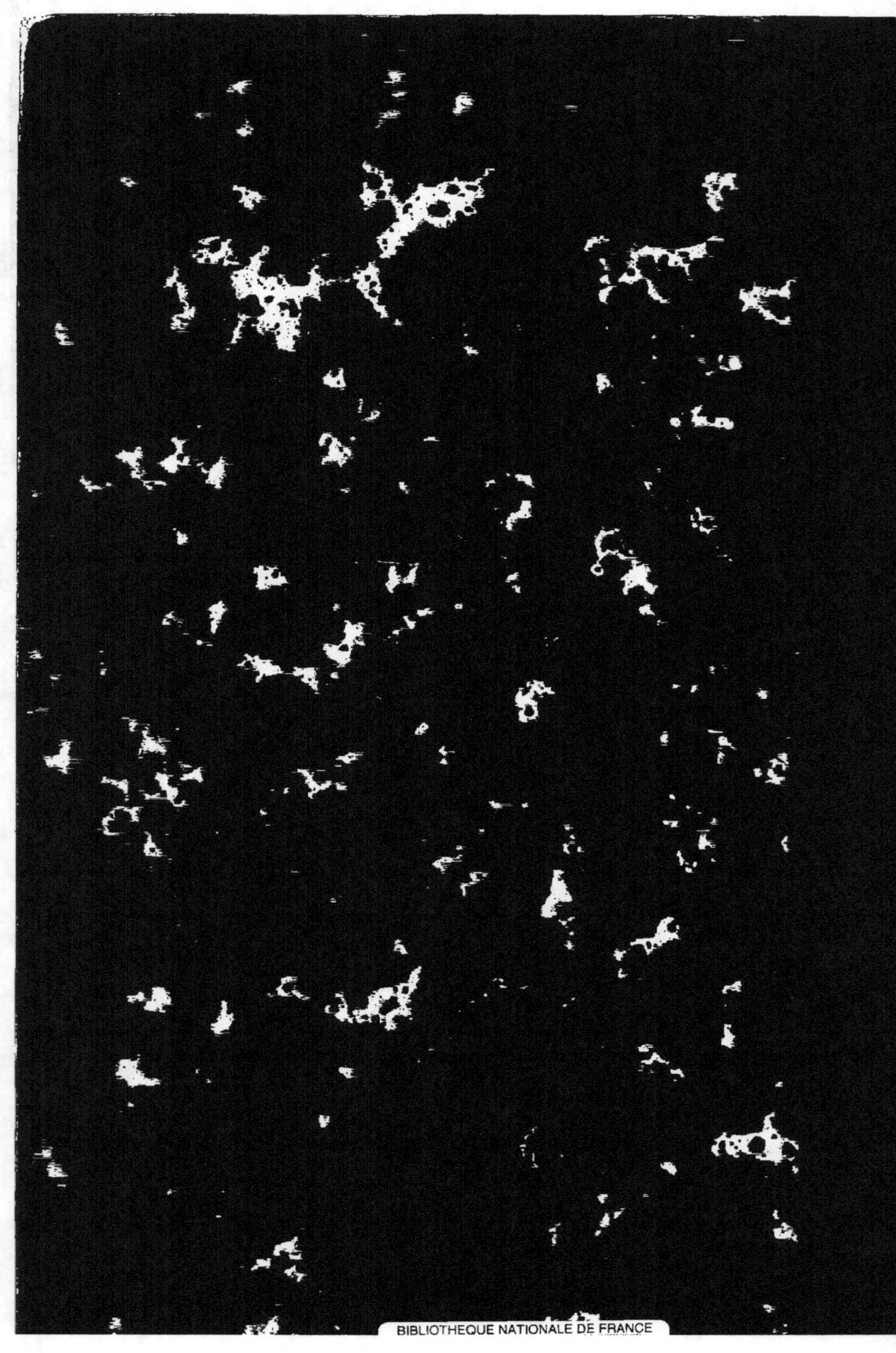